AF218792

Impressum
Verlag: BABADADA GmbH, Nedderfeld 112 , 22529 Hamburg
Geschäftsführer / Verlagsleitung: Harald Hof
Druck: Books on Demand GmbH, In de Tarpen 42, 22848 Norderstedt

Imprint
Publisher: BABADADA GmbH, Nedderfeld 112 , 22529 Hamburg, Germany
Managing Director / Publishing direction: Harald Hof
Print: Books on Demand GmbH, In de Tarpen 42, 22848 Norderstedt

სკოლა
el colegio

el aula
გაყოფა
dividir
186/2
დაფა
el pizarrón
სკოლის ეზო
el patio de la escuela
მასწავლებელი
el maestro
ქაღალდი
el papel
წერა
escribir
კალამი
la birome
მაგიდა
el escritorio
სახაზავი
la regla
წიგნი
el libro
მოსწავლე
el alumno

ზურგჩანთა
la mochila

პენალი
la caja de lápices

ფანქარი
el lápiz

ფანქრების სათლელი
el sacapuntas

საშლელი
la goma (de borrar)

ნახატების ალბომი
el bloc de dibujo

ნახატი

el dibujo

ფუნჯი

el pincel

საღებავის ყუთი

la caja de pinturas

მაკრატელი

la tijera

წებო

el pegamento

სავარჯიშო რვეული

el cuaderno de ejercicios

საშინაო დავალება

la tarea

12

ნომერი

el número

2+2

დამატება

sumar

5-2

გამოკლება

restar

2×2

გამრავლება

multiplicar

გამოთვლა

calcular

A

წერილი

la letra

ABCDEFG
HIJKLMN
OPQRSTU
VWXYZ

ანბანი

el abecedario

hello

სიტყვა

la palabra

ტექსტი

el texto

წაკითხვა

leer

ცარცი

la tiza

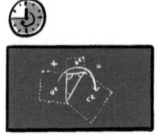

გაკვეთილი

la lección

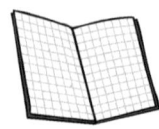

რეგისტრაცია

el cuaderno de clase

გამოცდა

el examen

სერტიფიკატი

el certificado

სკოლის ფორმა

el uniforme escolar

განათლება

la educación

ენციკლოპედია

la enciclopedia

უნივერსიტეტი

la universidad

მიკროსკოპი

el microscopio

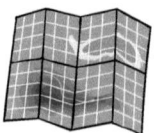

რუქა

el mapa

კალათა ნარჩენი
ქაღალდებისათვის

el tacho (de basura)

მოგზაურობა

el viaje

el hotel
Grand
ჰოსტელი
el hostel
ვალუტის გადაცვლის პუნქტი
la casa de cambio
ჩემოდანი
la valija
მანქანა
el auto

ენა

el idioma

კი / არა

sí / no

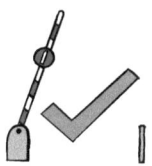

კარგი

Está bien

გამარჯობა

hola

მთარგმნელი

el traductor

გმადლობთ

Gracias

რა ღირს… ?

¿cuánto cuesta…?

ვერ გავიგე

No entiendo

პრობლემა

el problema

აღამო მშვიდობისა!

¡Buenas tardes!

დილა მშვიდობისა!

¡Buenos días!

ღამე მშვიდობისა!

¡Buenas noches!

ნახვამდის

el adiós

მიმართულება

la dirección

ბარგი

el equipaje

ჩანთა

el bolso

ზურგჩანთა

la mochila

სტუმარი

el invitado

ოთახი

la habitación

საძილე ტომარა

la bolsa de dormir

კარავი

la carpa

ტურისტული ინფორმაცია

la información turística

სანაპირო

la playa

საკრედიტო ბარათი

la tarjeta de crédito

საუზმე

el desayuno

ლანჩი

el almuerzo

ვახშამი

la cena

ბილეთი

el pasaje

ლიფტი

el ascensor

საფოსტო მარკა

el sello

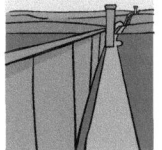

საზღვარი

la frontera

საბაჟო

la aduana

საელჩო

la embajada

ვიზა

la visa

პასპორტი

el pasaporte

ტრანსპორტი
el transporte

el avión
გემი
el barco
სახანძრო მანქანა
la autobomba
ავტობუსი
el colectivo
სატვირთო მანქანა
el camión
მოტორიზებული ნავი
la lancha a motor
მანქანა
el auto
ველოსიპედი
la bicicleta

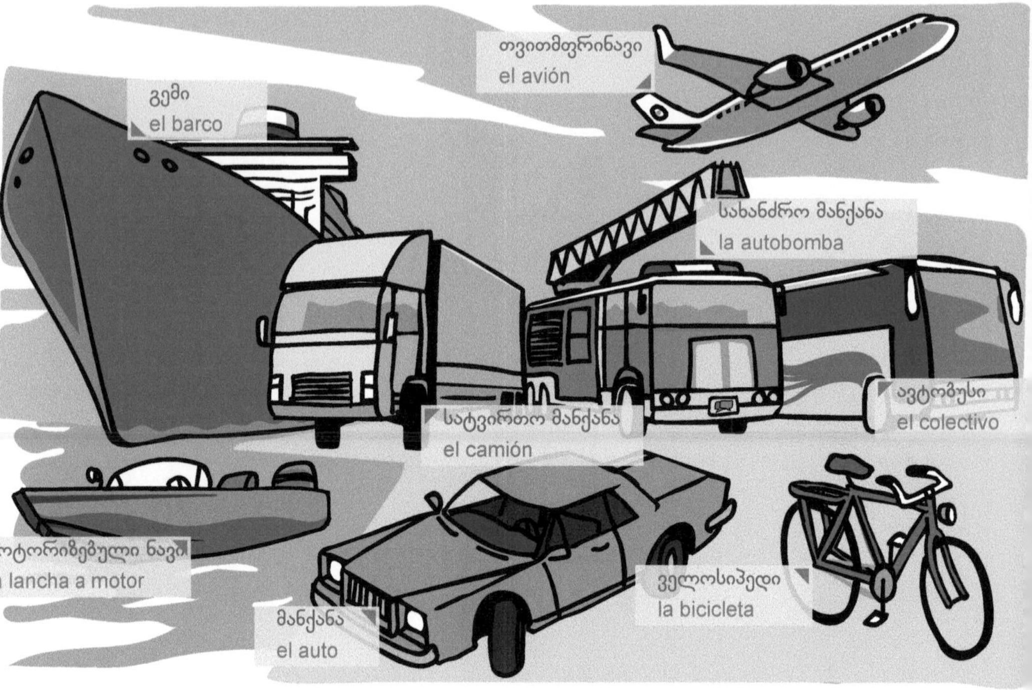

ბორანი

el ferry

ნავი

el bote

მოტოციკლი

la moto

პოლიციის მანქანა

el patrullero

სარბოლო მანქანა

el auto de carreras

დაქირავებული მანქანა

el auto de alquiler

მანქანის ერთობლივი
მოხმარება
el alquiler de autos

საბუქსირე მანქანა
la grúa

ნაგვის მანქანა
el camión de la basura

ძრავა
el motor

საწვავი
la nafta

ბენზინგასამართი სადგური
la estación de servicio

საგზაო ნიშანი
la señal de tránsito

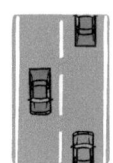

მოძრაობა
el tránsito

საცობი
el embotellamiento

მანქანის სადგომი
el estacionamiento

მატარებლის სადგური
la estación de tren

ლიანდაგები
las vías

მატარებელი
el tren

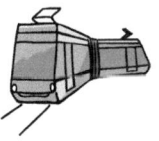

ტრამვაი
el tranvía

ვაგონი
el vagón

ვერტმფრენი

el helicóptero

აეროპორტი

el aeropuerto

კოშკი

la torre

მგზავრი

el pasajero

კონტეინერი

el contenedor

მუყაოს ყუთი

la caja de cartón

ურიკა

la carretilla

კალათა

la canasta

აფრენა / დაშვება

despegar / aterrizar

ქალაქი

la ciudad

სოფელი

el pueblo

ქალაქის ცენტრი

el centro de la ciudad

სახლი

la casa

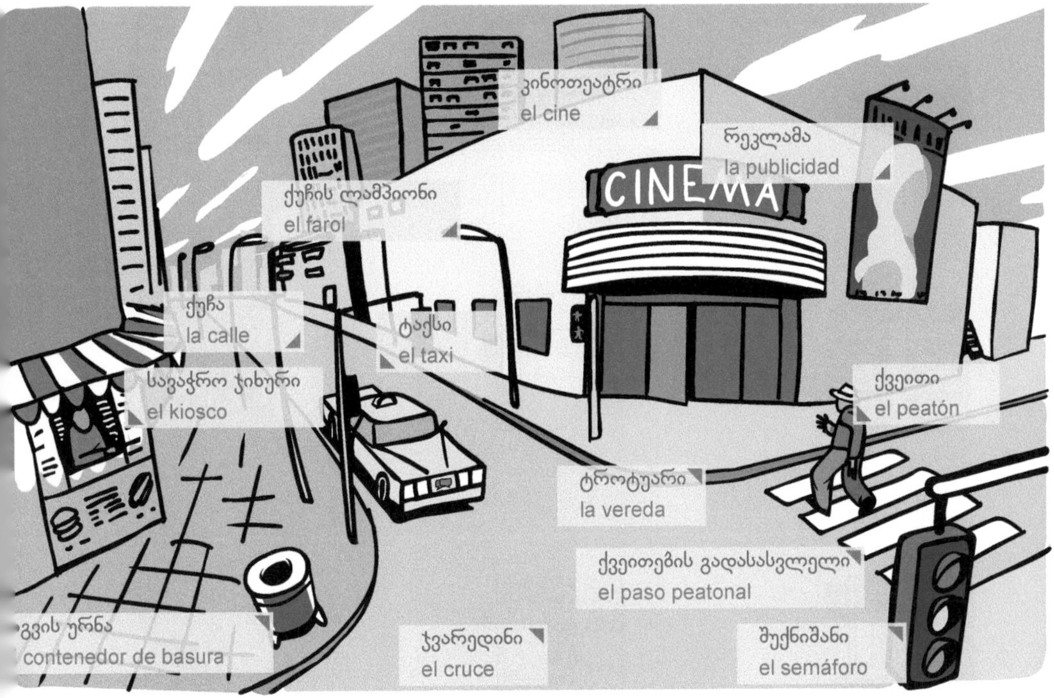

კინოთეატრი
el cine
რეკლამა
la publicidad
CINEMA
ქუჩის ლამპიონი
el farol
ქუჩა
la calle
ტაქსი
el taxi
სავაჭრო ჯიხური
el kiosco
ქვეითი
el peatón
ტროტუარი
la vereda
ქვეითების გადასასვლელი
el paso peatonal
გვის ურნა
contenedor de basura
ჯვარედინი
el cruce
შუქნიშანი
el semáforo

ქოხი

la cabaña

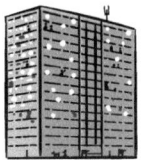

ბინა

el departamento

მატარებლის სადგური

la estación de tren

მუნიციპალიტეტი

la municipalidad

მუზეუმი

el museo

სკოლა

el colegio

უნივერსიტეტი

la universidad

ბანკი

el banco

საავადმყოფო

el hospital

სასტუმრო

el hotel

აფთიაქი

la farmacia

ოფისი

la oficina

წიგნების მაღაზია

la librería

მაღაზია

el negocio

ფლორისტი

la florería

სუპერმარკეტი

el supermercado

ბაზარი

el mercado

მაღაზიის განყოფილება

las grandes tiendas

თევზის გამყიდველი

la pescadería

სავაჭრო ცენტრი

el centro comercial

ნავსადგომი

el puerto

პარკი

el parque

გრძელი სკამი

el banco

ხიდი

el puente

კიბეები

las escaleras

მიწისქვეშა გადასასვლელი

el subte

გვირაბი

el túnel

ავტობუსის გაჩერება

la parada del colectivo

ბარი

el bar

რესტორანი

el restaurante

საფოსტო ყუთი

el buzón

ქუჩის ნიშანი

el letrero

პარკინგის საზომი

el parquímetro

ზოოპარკი

el zoológico

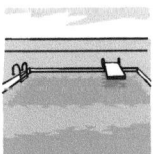

საცურაო აუზი

la pileta

მეჩეთი

la mezquita

ფერმა
la granja

გარემოს დაბინძურება
la contaminación

სასაფლაო
el cementerio

ეკლესია
la iglesia

საბავშვო მოედანი
los juegos infantiles

ტაძარი
el templo

ლანდშაფტი
el paisaje

ფოთოლი
la hoja
გზის მანიშნებელი ნიშანი
el poste indicador
გზა
el camino
მდელო
la pradera
ქვა
la piedra
მოგზაური
el excursionista
ხე
el árbol
მდინარე
el río
ბალახი
la hierba
ყვავილი
la flor

ხეობა

el valle

გორაკი

la montaña

ტბა

el lago

ტყე

el bosque

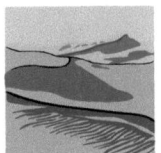

უდაბნო

el desierto

ვულკანი

el volcán

ციხე

el castillo

ცისარტყელა

el arco iris

სოკო

el champiñón

პალმა

la palmera

კოღო

el mosquito

ბუზი

la mosca

ჭიანჭველა

la hormiga

ფუტკარი

la abeja

ობობა

la araña

ხოჭო

el escarabajo

ბაყაყი

la rana

ციყვი

la ardilla

ზღარბი

el erizo

კურდღელი

la liebre

ბუ

la lechuza

ფრინველი

el pájaro

გედი

el cisne

ტახი

el jabalí

ირემი

el ciervo

ცხენ-ირემი

el alce

კაშხალი

la presa

ქარის ტურბინა

el aerogenerador

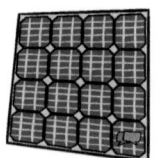

მზის ბატარეა

el panel solar

კლიმატი

el clima

ლანდშაფტი - el paisaje

რესტორანი

el restaurante

el mozo
მენიუ
el menú
სკამი
la silla
სუპი
la sopa
პიცა
la pizza
მაგიდაზე გადასაფარებელი
el mantel
დანა-ჩანგალი
los cubiertos

საუზმე

la entrada

მთავარი კერძი

el plato principal

დესერტი

el postre

დასალევი

las bebidas

საჭმელი

la comida

ბოთლი

la botella

სწრაფი კვება

la comida rápida

ქუჩის საჭმელი

la comida callejera

ჩაიდანი

la tetera

საშაქრე

la azucarera

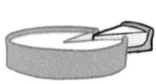

პორცია

la porción

ესპრესოს მანქანა

la cafetera expreso

მაღალი სკამი

la sillita alta

ანგარიში

la cuenta

ლანგარი

la bandeja

დანა

el cuchillo

ჩანგალი

el tenedor

კოვზი

la cuchara

ჩაის კოვზი

la cucharita

ხელსახოცი

la servilleta

ჭიქა

el vaso

თეფში
el plato

სუპის თეფში
el plato hondo

ჩაის ლამბაქი
el plato

საწებელი
la salsa

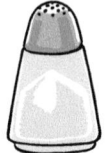

სამარილე
el salero

წიწაკის საფქვავი
el molinillo de pimienta

ძმარი
el vinagre

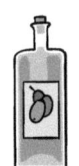

ზეთი
el aceite

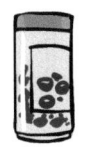

სანელებლები
las especias

კეტჩუპი
el kétchup

მდოგვი
la mostaza

მაიონეზი
la mayonesa

სუპერმარკეტი

el supermercado

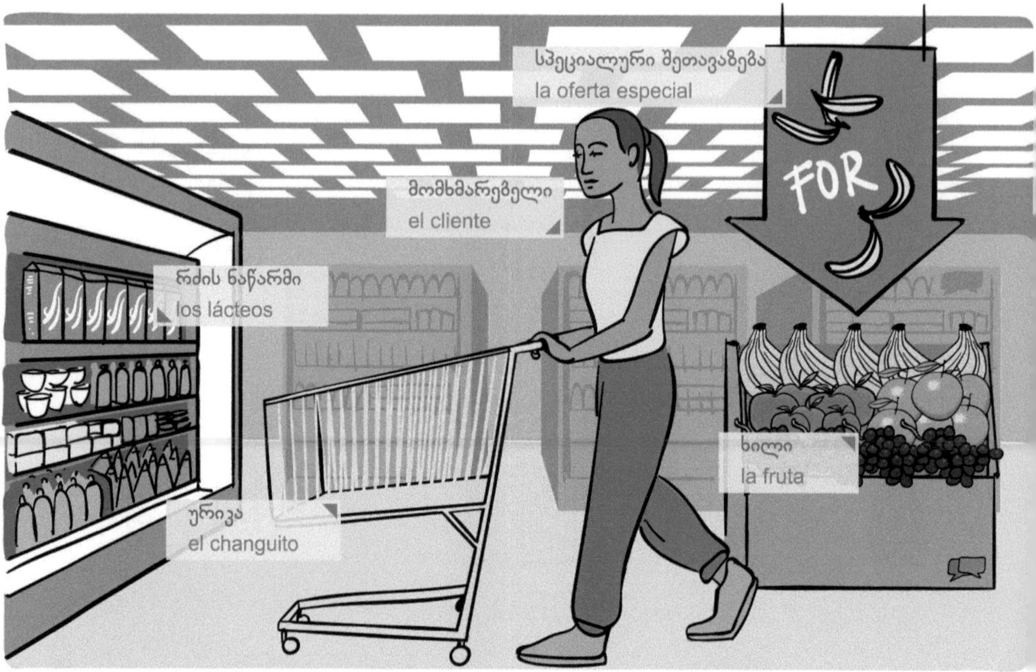

სპეციალური შეთავაზება
la oferta especial
FOR
მომხმარებელი
el cliente
რძის ნაწარმი
los lácteos
ხილი
la fruta
ურიკა
el changuito

BUTCHERS

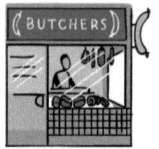

საყასბო

la carnicería

BAKERY

საცხობი

la panadería

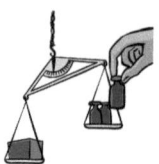

აწონვა

pesar

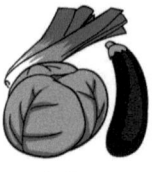

ბოსტნეული

las verduras

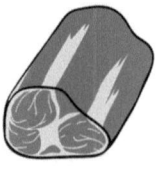

ხორცი

la carne

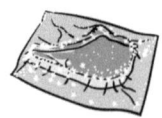

გაყინული საკვები

los alimentos congelados

გრილი ხორცი

los fiambres

კონსერვები

los alimentos enlatados

სარეცხი ფხვნილი

el detergente en polvo

ტკბილეული

las golosinas

საყოფაცხოვრებო პროდუქტები

los electrodomésticos

სარეცხი საშუალებები

los productos de limpieza

გამყიდველი

la vendedora

სალარო

la caja

მოლარე

el cajero

საყიდლების სია

la lista de compras

მუშაობის საათები

el horario de atención

პორტმანი

la billetera

საკრედიტო ბარათი

la tarjeta de crédito

ჩანთა

la cartera

პლასტიკური პარკი

la bolsa de plástico

დასალევი

las bebidas

წყალი

el agua

წვენი

el jugo

რძე

la leche

კოკა-კოლა

la bebida cola

ღვინო

el vino

ლუდი

la cerveza

ალკოჰოლი

el alcohol

კაკაო

el cacao

ჩაი

el té

ყავა

el café

ესპრესო

el café expreso

კაპუჩინო

el cappuccino

ბანანი

la banana

ვაშლი

la manzana

ფორთოხალი

la naranja

საზამთრო

el melón

ლიმონი

el limón

სტაფილო

la zanahoria

ნიორი

el ajo

ბამბუკი

el bambú

ხახვი

la cebolla

სოკო

el champiñón

კაკალი

las nueces

ატრია

los fideos

სპაგეტი

los tallarines

ბრინჯი

el arroz

სალათი

la ensalada

ჩიპსები

las papas fritas

შემწვარი კარტოფილი

las papas fritas

პიცა

la pizza

ჰამბურგერი

la hamburguesa

სენდვიჩი

el sándwich

კოტლეტი

el churrasco

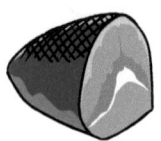

ლორი

el jamón

სალიამი

el salame

ძეხვი

la salchicha

წიწილა

el pollo

შემწვარი ხორცი

el asado

თევზი

el pescado

შვრიის ფაფა
los copos de avena

მუსლი
el muesli

სიმინდის ფანტელები
los copos de maíz

ფქვილი
la harina

კრუასანი
la medialuna

ბულკი
el pancito

პური
el pan

ტოსტი
la tostada

ნამცხვრები
las galletitas

კარაქი
la manteca

ხაჭო
la cuajada

ტორტი
la torta

კვერცხი
el huevo

ერბო-კვერცხი
el huevo frito

ყველი
el queso

ნაყინი

el helado

შაქარი

el azúcar

თაფლი

la miel

ჯემი

la mermelada

შოკოლადის კრემი

la pasta de chocolate

კარი

el curry

ფერმა
la granja

თავლა
el granero
ჩალის შეკვრა
el fardo de paja
ყანა
el campo
ცხენი
el caballo
მისაბმელი
el remolque
ტრაქტორი
el tractor
კვიცი
el potrillo
ვირი
el burro
ცხვარი
la oveja
ცხვარი
el cordero

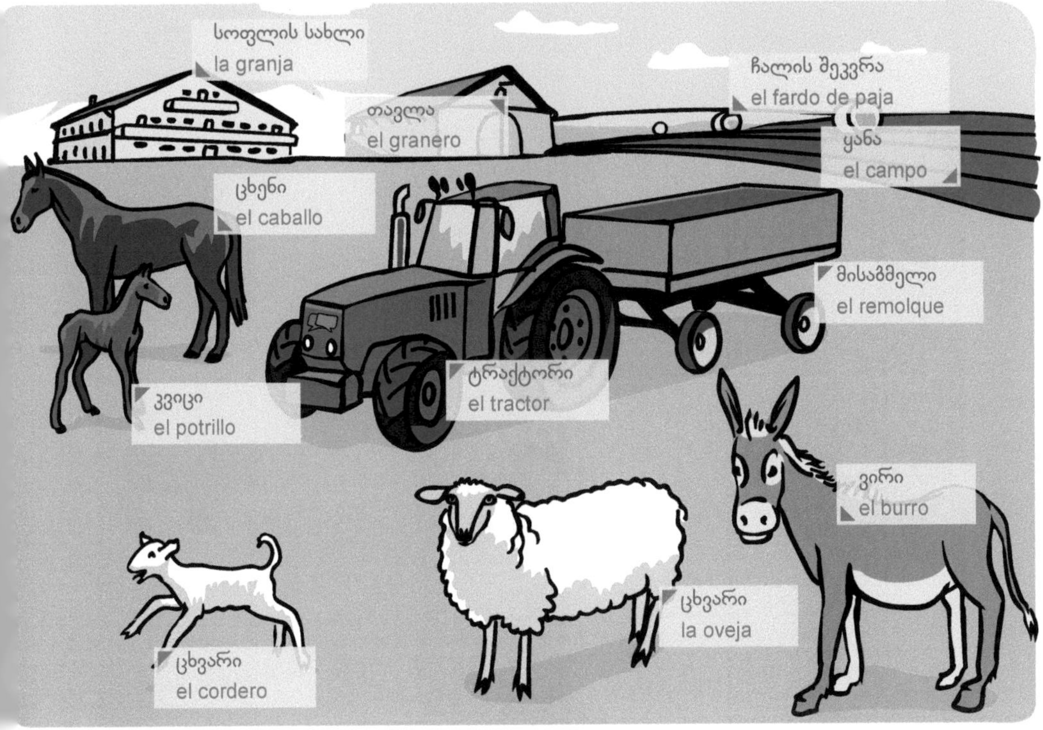

თხა
....
la cabra

ძროხა
....
la vaca

ხბო
....
el ternero

ღორი
....
el cerdo

გოჭი
....
el lechón

ხარი
....
el toro

ბატი

el ganso

იხვი

el pato

წიწილა

el pollo

ქათამი

la gallina

მამალი

el gallo

ვირთხა

la rata

კატა

el gato

თაგვი

el ratón

ხარი

el buey

ძაღლი

el perro

საძაღლე

la cucha

ბაღის შლანგი

la manguera

საბაღე წურწურა

la regadera

ცელი

la guadaña

გუთანი

el arado

ნამგალი

la hoz

თოხი

la azada

პატივის სახვეტი ჩანგალი

la horquilla

ცული

el hacha

მაზიდი

la carretilla

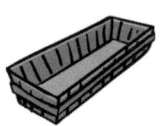

გობი

el abrevadero

რძის ბიდონი

la lechera

ტომარა

la bolsa

ღობე

la reja

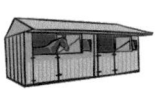

ბოსელი

el establo

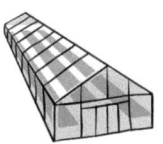

სათბური

el invernadero

ნიადაგი

el suelo

თესლი

la semilla

სასუქი

el fertilizador

მოსავლის ამღები კომბაინი

la cosechadora

მოსავლის აღება
cosechar

მოსავალი
la cosecha

იამი
las batatas

ხორბალი
el trigo

სოიო
la soja

კარტოფილი
la papa

სიმინდი
el maíz

სარეველას თესლი
la semilla de colza

ხეხილი
el árbol frutal

მანიოკი
la mandioca

მარცვლეული
los cereales

ფერმა - la granja

სახლი

la casa

la chimenea
სახურავი
el techo
წყალსადინარი მილი
el caño de desagüe
ფანჯარა
la ventana
ავტოფარეხი
el garaje
კარის ზარი
el timbre
კარი
la puerta
ნაგვის ყუთი
el tacho de basura
საფოსტო ყუთი
el buzón
ბაღი
el jardín

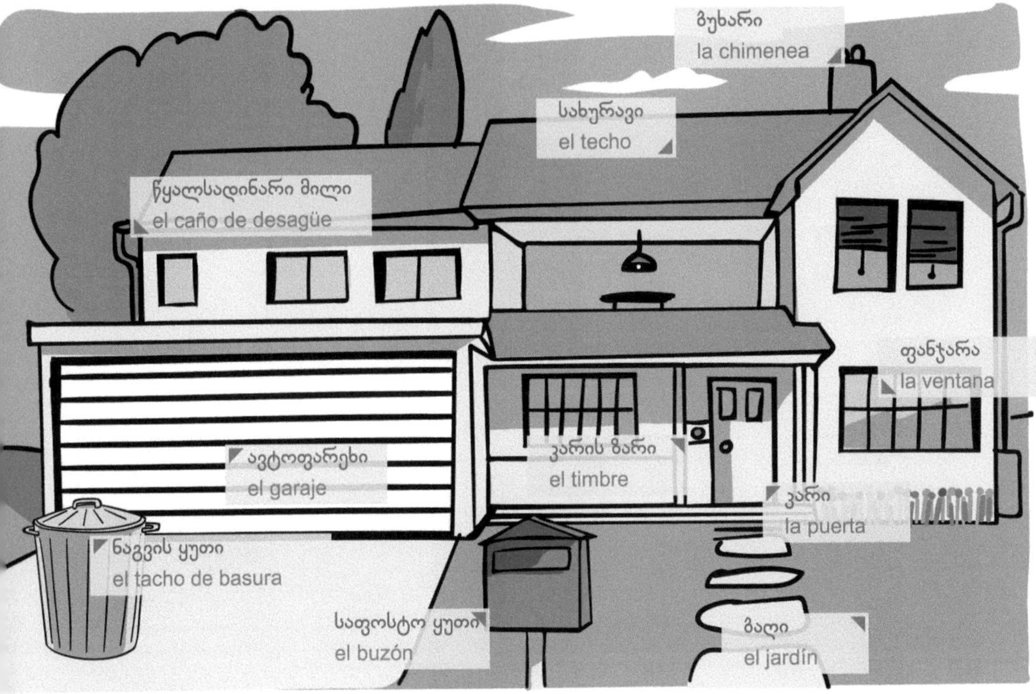

მისაღები ოთახი

el living

აბაზანა

el baño

სამზარეულო

la cocina

საძინებელი

el dormitorio

საბავშვო ოთახი

el cuarto de los chicos

სასადილო ოთახი

el comedor

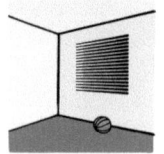

სართული

el piso

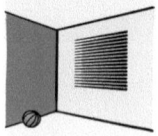

კედელი

la pared

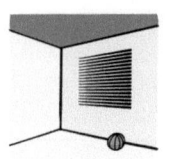

ჭერი

el cielorraso

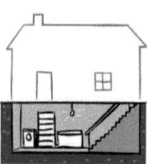

სარდაფი

el sótano

საუნა

el sauna

აივანი

el balcón

ტერასა

la terraza

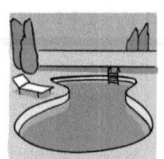

აუზი

la pileta

გაზონის საკრეჭი

la cortadora de pasto

საბნის კონვერტი

la sábana

საწოლი

el acolchado

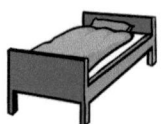

ლოგინი

la cama

ცოცხი

la escoba

სათლი

el balde

გადამრთველი

el interruptor

მისაღები ოთახი

el living

el empapelado
ნახატი
la imagen
ნათურა
la lámpara
თარო
el estante
კარადა
el armario
ტელევიზორი
la televisión
ბუხარი
la chimenea
ყვავილი
la flor
ბალიში
el almohadón
დივანი
el sofá
ვაზა
el florero
დისტანციური მართვა
el control remoto

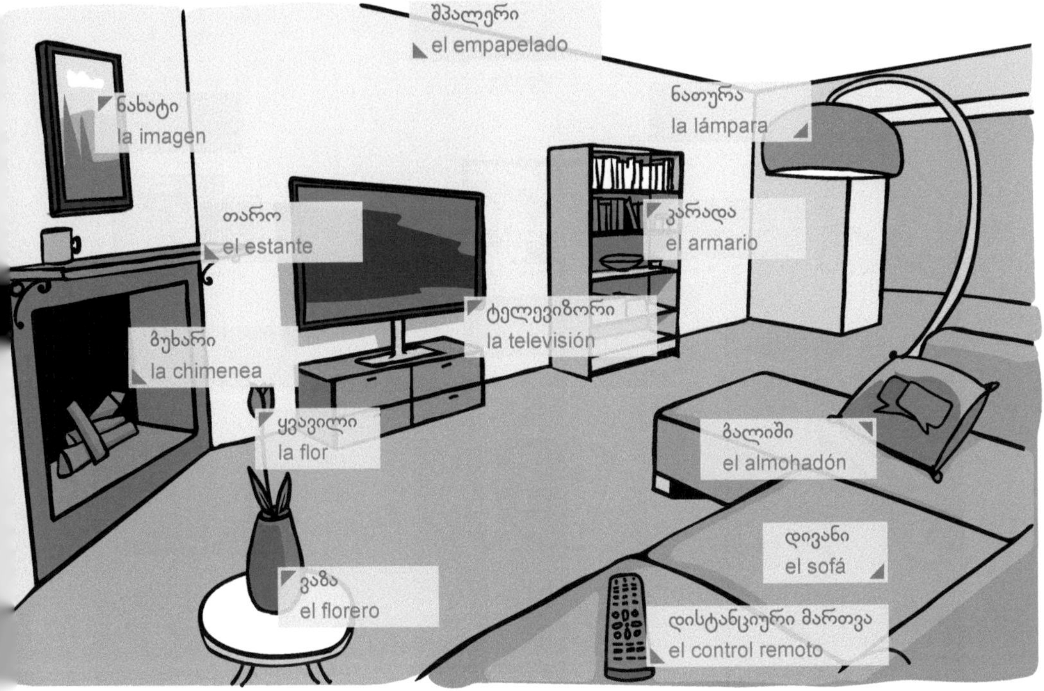

ხალიჩა

la alfombra

ფარდა

la cortina

მაგიდა

la mesa

სკამი

la silla

სარწეველა სკამი

la mecedora

სავარძელი

el sillón

წიგნი

el libro

საბანი

la frazada

დეკორაცია

la decoración

შეშა

la leña

ფილმი

la película

hi-fi მოწყობილობები

el equipo de música

გასაღები

la llave

გაზეთი

el diario

ფერწერა

la pintura

პლაკატი

el póster

რადიო

la radio

ბლოკნოტი

el cuaderno

მტვერსასრუტი

la aspiradora

კაქტუსი

el cactus

სანთელი

la vela

სამზარეულო
la cocina

la heladera
მიკრო-ტალღური ღუმელი
el microondas
სამზარეულოს სასწორი
la balanza de cocina
ტოსტერი
la tostadora
სარეცხი საშუალება
el detergente
ღუმელი
el horno
საყინულე
el freezer
ნაგვის ყუთი
el tacho de basura
ჭურჭლის სარეცხი მანქანა
el lavaplatos

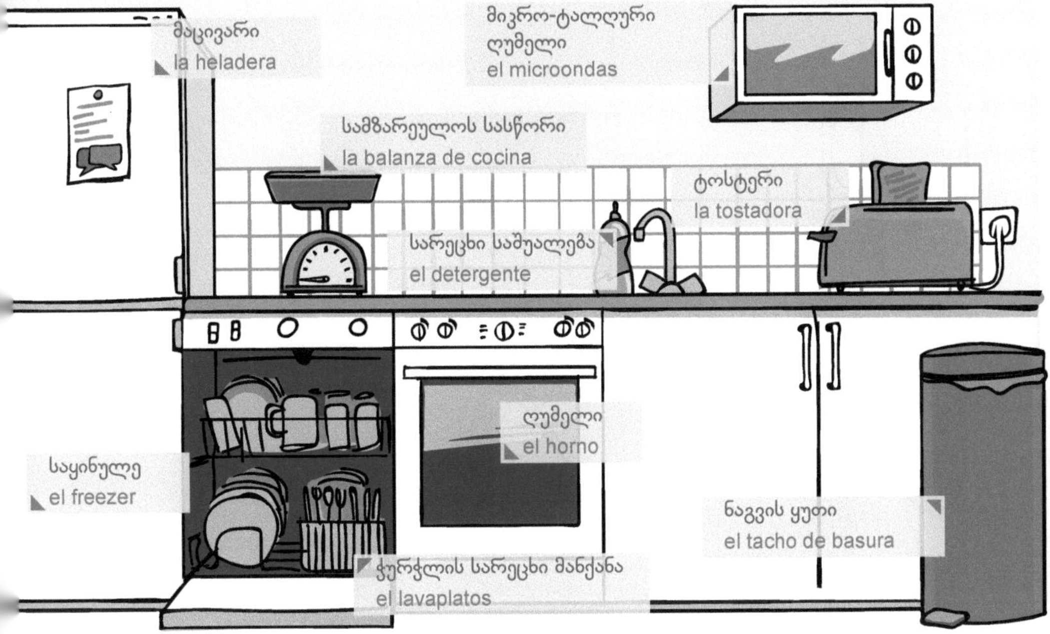

გაზქურა

la cocina

ქოთანი

la olla

თუჯის ქვაბი

la olla de hierro fundido

ტაფა ამობერილი ფსკერით

el wok

ტაფა

la sartén

ჩაიდანი

la pava

ორთქლსახარში

la vaporera

საცხობი ლანგარი

la bandeja de horno

ჭურჭელი

la vajilla

კათხა

la taza

თასი

el bol

ჩინური ჩხირები

los palitos

ჩამჩა

el cucharón

ფითხი

la espátula

სათქვეფელა

la batidora

საწური

el colador

საცერი

el colador

სახეხი

el rallador

სანაყი

el mortero

გრილი

la parrilla

კოცონი

la fogata

დაფა
la tabla de picar

საგორავი
el palo de amasar

ბურღი
el sacacorchos

ქილა
la lata

ქილის გასახსნელი
el abrelatas

ქოთნის დამჭერი
la manopla

ნიჟარა
la pileta

ფუნჯი
el cepillo

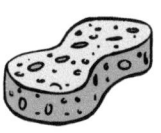

ღრუბელი
la esponja

ბლენდერი
la batidora

საყინულე კამერა
el congelador

საბავშვო ბოთლი
la mamadera

ონკანი
la canilla

აბაზანა
el baño

გათბობა
la calefacción
პირსახოცი
la toalla
შხაპი
la ducha
საშხაპე ფარდა
la cortina de la ducha
ღრუბლიანი აბანო
el baño de espuma
ვანა
la bañadera
ჭიქა
el vaso
სარეცხი მანქანა
el lavarropas
ონკანი
la canilla
ფილები
las baldosas
ღამის ქოთანი
la pelela
ნიჟარა
la pileta

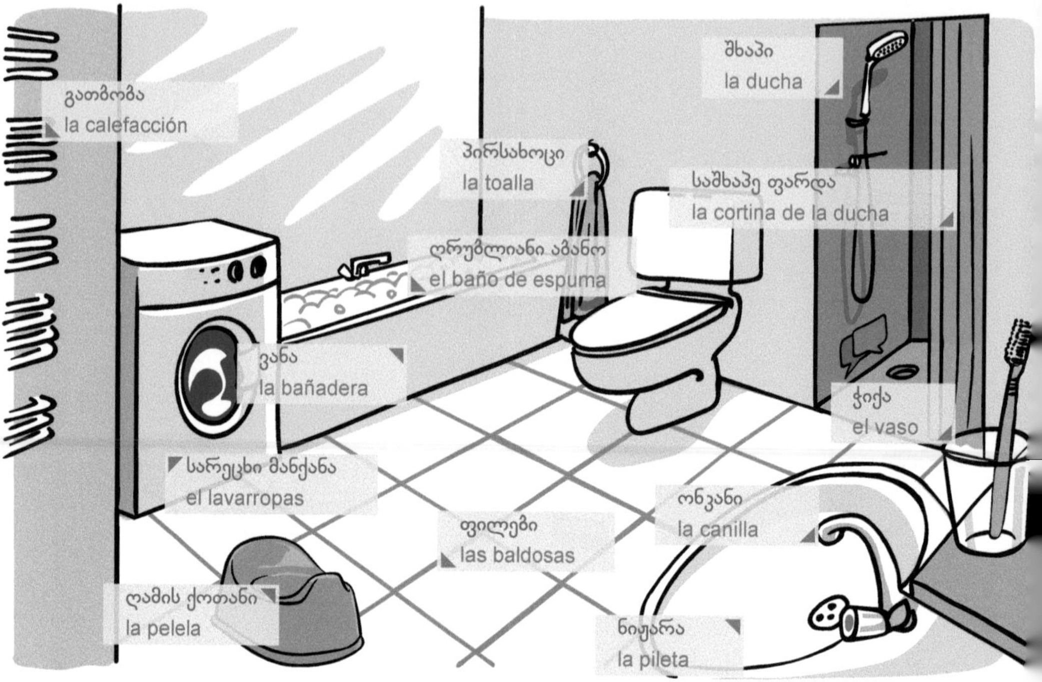

ტუალეტი

el inodoro

იატაკის ტუალეტი

la letrina

ბიდე

el bidé

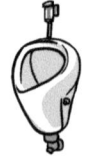

კედლის პისუარი

el mingitorio

ტუალეტის ქაღალდი

el papel higiénico

ტუალეტის ჯაგრისი

el cepillo para el inodoro

კბილის ჯაგრისი

el cepillo de dientes

კბილის პასტა

el dentífrico

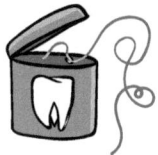

კბილის ძაფი

el hilo dental

რეცხვა

lavar

ხელის შხაპი

la ducha de mano

ინტიმური შხაპი

la ducha higiénica

ტაშტი

la palangana

ზურგის სახეხი ფუნჯი

el cepillo para la espalda

საპონი

el jabón

შხაპის გელი

el gel de ducha

შამპუნი

el shampoo

ნეჭა

la toallita

სანიაღვრე

el desagüe

კრემი

la crema

დეოდორანტი

el desodorante

სარკე

el espejo

ხელის სარკე

el espejito

ბრიტვა

la maquinita de afeitar

საპარსი ქაფი

la espuma de afeitar

საშუალება გაპარსვის შემდეგ

el aftershave

სავარცხელი

el peine

ჯაგრისი

el cepillo

თმის საშრობი

el secador de pelo

თმის ლაქი

el spray

კოსმეტიკა

el maquillaje

ტუჩების პომადა

el lápiz de labios

ფრჩხილის ლაქი

el esmalte para uñas

ბამბა

el algodón

ფრჩხილის მაკრატელი

la tijera para uñas

სუნამო

el perfume

კოსმეტიკის ჩანთა

el portacosméticos

ტაბურეტი

la banqueta

სასწორი

la balanza

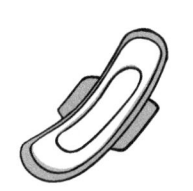

სააბაზანო ხალათი

la bata

რეზინის ხელთათმანები

los guantes de goma

ტამპონი

el tampón

სანიტარული პირსახოცი

la toallita femenina

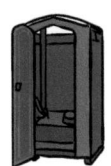

ბიო-ტუალეტი

el baño químico

საბავშვო ოთახი
el cuarto de los chicos

el despertador
რბილი სათამაშო
el peluche
სათამაშო მანქანა
el coche de juguete
ჩხარუნა სათამაშო
el sonajero
თოჯინების სახლი
la casa de muñecas
საჩუქარი
el regalo

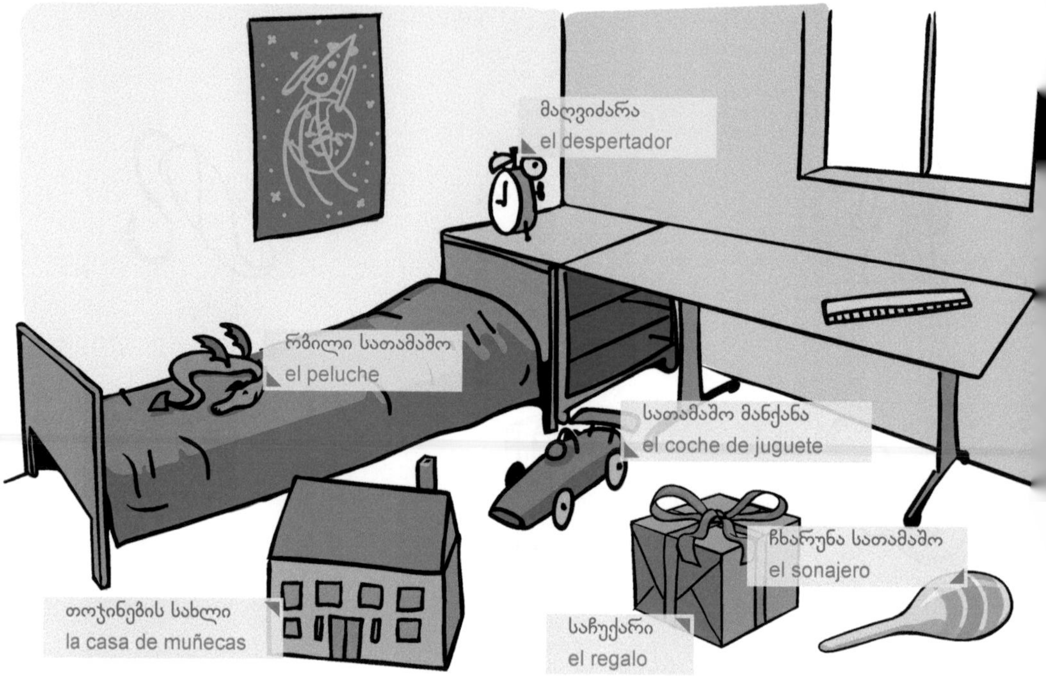

ბუშტი

el globo

ლოგინი

la cama

საბავშვო ეტლი

el cochecito

კარტის თამაში

las cartas

პაზლი

el rompecabezas

კომიქსი

la historieta

ლეგოს აგურები

las piezas de lego

ასაშენებელი კუბიკები

los ladrillos de juguete

სათამაშო ფიგურა

la figura de acción

საცოცავი

el enterito (de bebé)

ფრისბი

el frisbee

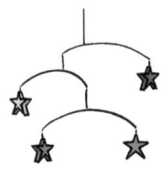

მობილე

el móvil para bebés

სამაგიდო თამაში

el juego de mesa

კამათელი

los dados

რკინიგზის მოდელი

el tren eléctrico

საწოვარა

el chupete

წვეულება

la fiesta

წიგნი ნახატებით

el libro de cuentos ilustrado

ბურთი

la pelota

თოჯინა

la muñeca

თამაში

jugar

საქვიშარი

el arenero

საქანელა

la hamaca

სათამაშოები

los juguetes

ვიდეო თამაშის კონსოლი

la consola de videojuegos

სამთვლიანი ველოსიპედი

el triciclo

დათუნია

el osito de peluche

გარდერობი

el armario

ტანსაცმელი

la ropa

წინდები

las medias

ჩულქები

las medias panty

კოლგოტები

las calzas

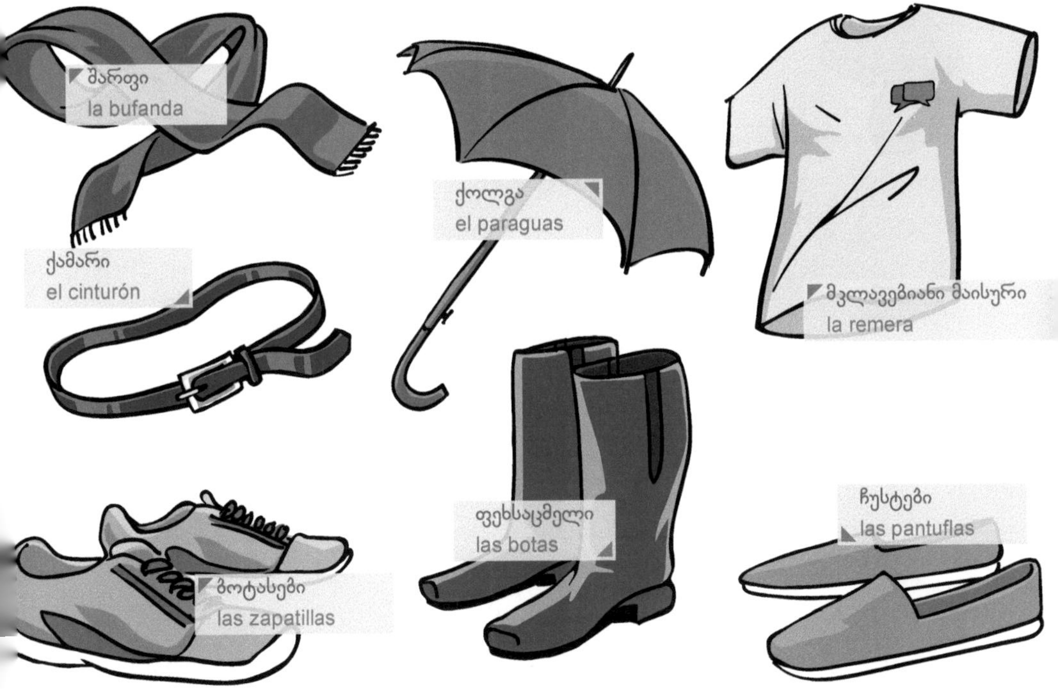

შარფი
la bufanda
ქოლგა
el paraguas
ქამარი
el cinturón
მკლავებიანი მაისური
la remera
ფეხსაცმელი
las botas
ჩუსტები
las pantuflas
ბოტასები
las zapatillas

სანდლები
....
las sandalias

ფეხსაცმელი
....
los zapatos

რეზინის ჩექმები
....
las botas de goma

ტრუსები
....
la ropa interior

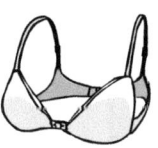

ბიუსჰალტერი
....
el corpiño

მაისური
....
el chaleco

ტანსაცმელი - la ropa 45

სხეული

el body

შარვალი

los pantalones

ჯინსი

los jeans

ქვედაკაბა

la pollera

ბლუზი

la blusa

პერანგი

la camisa

სვიტრი

el pulóver

კაპიუშონიანი ჟაკეტი

el buzo

სპორტული ქურთუკი

el blazer

ჟაკეტი

la campera

პალტო

el tapado

საწვიმარი

el piloto

კოსტუმი

el traje

კაბა

el vestido

საქორწილო კაბა

el vestido de novia

კაცის კოსტიუმი

el traje

ღამის პერანგი

el camisón

პიჟამოები

el pijama

სარი

el sari

თავშალი

el pañuelo para la cabeza

ტურბანი

el turbante

ჩადრი

la burka

ხიფთანი

el caftán

აბაია

la abaya

საცურაო კოსტუმი

el traje de baño

ჩემოდნები

el short de baño

შორტები

los shorts

სპორტული კოსტიუმი

el jogging

წინსაფარი

el delantal

ხელთათმანები

los guantes

ღილი
el botón

სათვალეები
los anteojos

სამაჯური
la pulsera

ყელსაბამი
el collar

ბეჭედი
el anillo

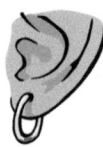

საყურე
el aro

კეპი
la gorra

საკიდი
la percha

ქუდი
el sombrero

ჰალსტუხი
la corbata

ელვა-შესაკრავის შეკვრა
el cierre

ჩაფხუტი
el casco

აჭიმი
los tiradores

სკოლის ფორმა
el uniforme escolar

ფორმა
el uniforme

ბავშვის წინსაფარი

el babero

საწოვარა

el chupete

პამპერსი

el pañal

ოფისი

la oficina

სერვერი
el servidor
საკანცელარიო კარადა
el archivero
პრინტერი
la impresora
ქაღალდი
el papel
მონიტორი
el monitor
თაგვი
el mouse
მაგიდა
el escritorio
საქაღალდე
la carpeta
კლავიატურა
el teclado
ლათა ნარჩენი ქაღალდებისათვი
tacho (de basura)
კომპიუტერი
la computadora
სკამი
la silla

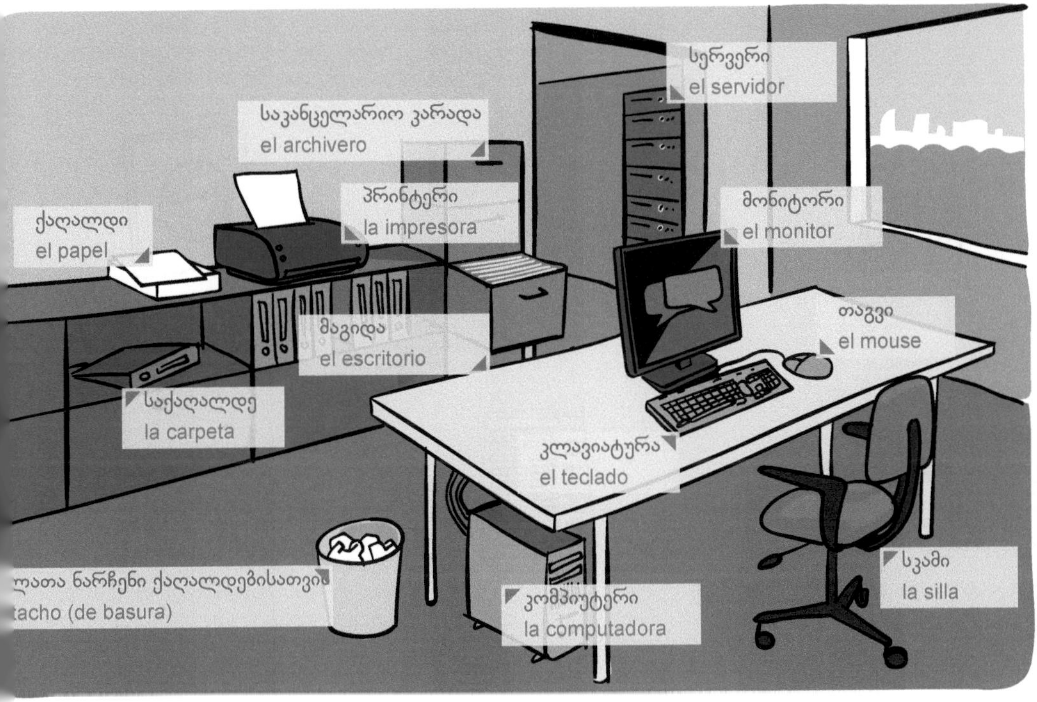

ყავის ფინჯანი

la taza de café

კალკულატორი

la calculadora

ინტერნეტი

el internet

ლეპტოპი

la laptop

წერილი

la carta

მესიჯი

el mensaje

მობილური ტელეფონი

el celular

ქსელი

la red

სკანერი

la fotocopiadora

პროგრამული
უზრუნველყოფა
el software

ტელეფონი

el teléfono

როზეტი

el tomacorriente

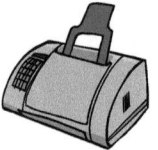

ფაქსის მანქანა

el fax

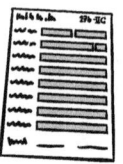

ფორმულარი

el formulario

დოკუმენტი

el documento

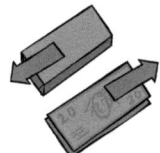

ყიდვა

comprar

გადახდა

pagar

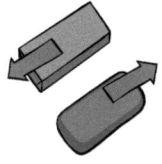

ვაჭრობა

hacer negocios

ფული

el dinero

USD

დოლარი

el dólar

EUR

ევრო

el euro

JPY

იენი

el yen

RUB

რუბლი

el rublo

CHF

შვეიცარული ფრანკი

el franco suizo

ჟენმინბი იუანი

el yuan

INR

რუპი

la rupia

ბანკომატი

el cajero automático

ვალუტის გადაცვლის პუნქტი
la casa de cambio

ოქრო
el oro

ვერცხლი
la plata

ნავთობი
el petróleo

ენერგია
la energía

ფასი
el precio

ხელშეკრულება
el contrato

გადასახადი
el impuesto

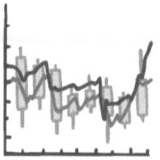

აქცია
la acción

მუშაობა
trabajar

თანამშრომელი
el empleado

დამსაქმებელი
el empleador

ქარხანა
la fábrica

მაღაზია
el negocio

პროფესიები
las ocupaciones

პოლიციის ოფიცერი
el policía
მეხანძრე
el bombero
მზარეული
el cocinero
ექიმი
el médico
მფრინავი
el piloto

მებაღე

el jardinero

დურგალი

el carpintero

თეთრეულის მკერავი ქალბატონი

la modista

მოსამართლე

el juez

ქიმიკოსი

el farmacéutico

მსახიობი

el actor

ავტობუსის მძღოლი

el colectivero

ტაქსის მძღოლი

el taxista

მეთევზე

el pescador

დამლაგებელი ქალბატონი

la mucama

სახურავის ოსტატი

el techista

მიმტანი

el mozo

მონადირე

el cazador

ფერმწერი

el pintor

მცხობელი

el panadero

ელექტრიკოსი

el electricista

მშენებელი

el albañil

ინჟინერი

el ingeniero

ყასაბი

el carnicero

სანტექნიკოსი

el plomero

ფოსტალიონი

el cartero

ჯარისკაცი

el soldado

არქიტექტორი

el arquitecto

მოლარე

el cajero

ფლორისტი

el florista

პარიკმახერი

el peluquero

კონდუქტორი

el cobrador

მექანიკოსი

el mecánico

კაპიტანი

el capitán

სტომატოლოგი

el dentista

მეცნიერი

el científico

რაბინი

el rabino

იმამი

el imán

ბერი

el monje

სასულიერო პირი

el sacerdote

იარაღები
las herramientas

ჩაქუჩი
el martillo
გრტყელტუჩა
la tenaza
სახრახნისი
el destornillador
ქანჩის გასაღები
la llave
ჯიბის სანათი
la linterna

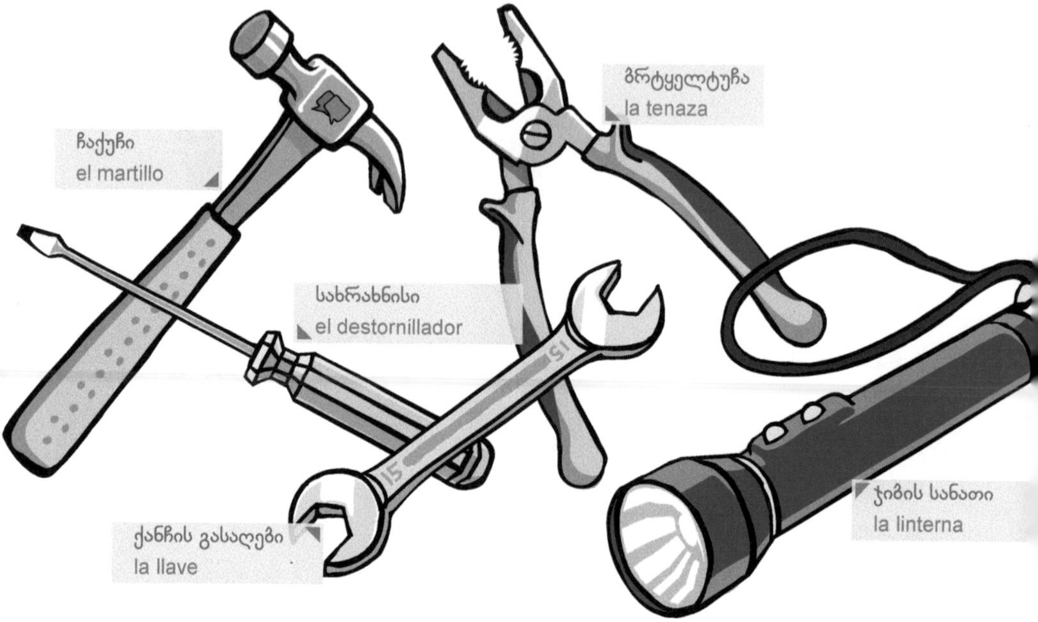

ექსკავატორი
la excavadora

იარაღების ყუთი
la caja de herramientas

კიბე
la escalera portátil

ხერხი
la sierra

ლურსმები
los clavos

საბურღი
el taladro

შეკეთება

arreglar

ნიჩაბი

la pala de jardín

ანდაზა!

¡Qué bronca!

აქანდაზი

la pala de plástico

საღებავის ქოთანი

el tacho de pintura

ხრახნები

los tornillos

მუსიკალური ინსტრუმენტები
los instrumentos musicales

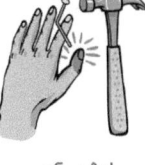

რეპროდუქტორი

el parlante

დასარტყამი ინსტრუმენტების კრებული

la batería

გიტარა

la guitarra

კონტრაბასი

el contrabajo

საყვირი

la trompeta

ფორტეპიანო
el piano

ვიოლინო
el violín

ბასი
el bajo

ტიმპანონი
los timbales

დასარტყამები
el tambor

კლავიშები
el teclado

საქსოფონი
el saxofón

ფლეიტა
la flauta

მიკროფონი
el micrófono

შესასვლელი
la entrada

ვეფხვი
el tigre

გალია
la jaula

ზებრა
la cebra

ცხოველთა საკვები
el alimento para animales

პანდა
el oso panda

ცხოველები
los animales

სპილო
el elefante

კენგურუ
el canguro

მარტორქა
el rinoceronte

გორილა
el gorila

დათვი
el oso

აქლემი

el camello

სირაქლემა

el avestruz

ლომი

el león

მაიმუნი

el mono

ფლამინგო

el flamenco

თუთიყუში

el loro

პოლარული დათვი

el oso polar

პინგვინი

el pingüino

ზვიგენი

el tiburón

ფარშევანგი

el pavo real

გველი

la serpiente

ნიანგი

el cocodrilo

ზოოპარკის მფლობელი

el cuidador del zoológico

სელაპი

la foca

იაგუარი

el jaguar

პონი

el poni

ლეოპარდი

el leopardo

ბეჰემოტი

el hipopótamo

ჟირაფი

la jirafa

არწივი

el águila

ტახი

el jabalí

თევზი

el pescado

კუ

la tortuga

მორჟი

la morsa

მელა

el zorro

გაზელი

la gacela

ამერიკული ფეხბურთი
el fútbol americano

ველოსპორტი
el ciclismo

ჩოგბურთი
el tenis

კალათბურთი
el básquet

ცურვა
la natación

კრივი
el boxeo

ყინულის ჰოკეი
el hockey sobre hielo

ფეხბურთი
el fútbol

ბადმინტონი
el bádminton

მძლეოსნობა
el atletismo

ხელბურთი
el handball

სათხილამურო სპორტი
el esquí

წყლის პოლო
el polo

დაცინვა
reír
გადახტომა
saltar
ჩახუტება
abrazar
სეირნობა
caminar
სიმღერა
cantar
ოცნებობა
soñar
ლოცვა
rezar
კოცნა
besar

წერა
escribir

დახატვა
dibujar

ჩვენება
mostrar

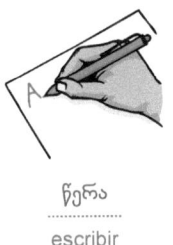

დაჭერა
presionar

მიცემა
dar

აღება
tomar

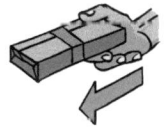

ქონა

tener

კეთება

hacer

ყოფნა

ser

დგომა

estar parado

გარბენა

correr

მოქაჩვა

tirar

გადაყრა

tirar

დაცემა

caer

ტყუილის თქმა

estar acostado

მოცდენა

esperar

ტარება

llevar

ჯდომა

estar sentado

ჩაცმა

vestirse

ძილი

dormir

გაღვიძება

despertar

დათვალიერება

mirar

ტირილი

llorar

გაუთოება

acariciar

დავარცხნა

peinar

ლაპარაკი

hablar

გაგება

entender

შეკითხვა

preguntar

მოსმენა

escuchar

დალევა

beber

ჭამა

comer

დალაგება

ordenar

ყვარება

amar

კერძების მზადება

cocinar

სვლა

manejar

ფრენა

volar

აფრის ქვეშ სიარული

navegar

გამოთვლა

calcular

წაკითხვა

leer

შესწავლა

aprender

მუშაობა

trabajar

ქორწინება

casarse

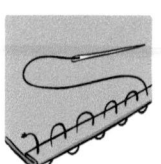

კერვა

coser

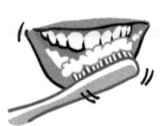

კბილების ხეხვა

cepillarse los dientes

მოკვლა

matar

მოწევა

fumar

გაგზავნა

enviar

ოჯახი
la familia

ბებია
la abuela
ბაბუა
el abuelo
მამა
el padre
დედა
la madre
ბავშვი
el bebé
ქალიშვილი
la hija
ვაჟიშვილი
el hijo

სტუმარი

el invitado

დეიდა

la tía

ბიძა

el tío

ძმა

el hermano

და

la hermana

სხეული

el cuerpo

შუბლი
la frente
თვალი
el ojo
მხარი
el hombro
თითი
el dedo
სახე
la cara
ნიკაპი
la pera
ხელი
la mano
მკერდი
el pecho
ფეხი
la pierna
მკლავი
el brazo

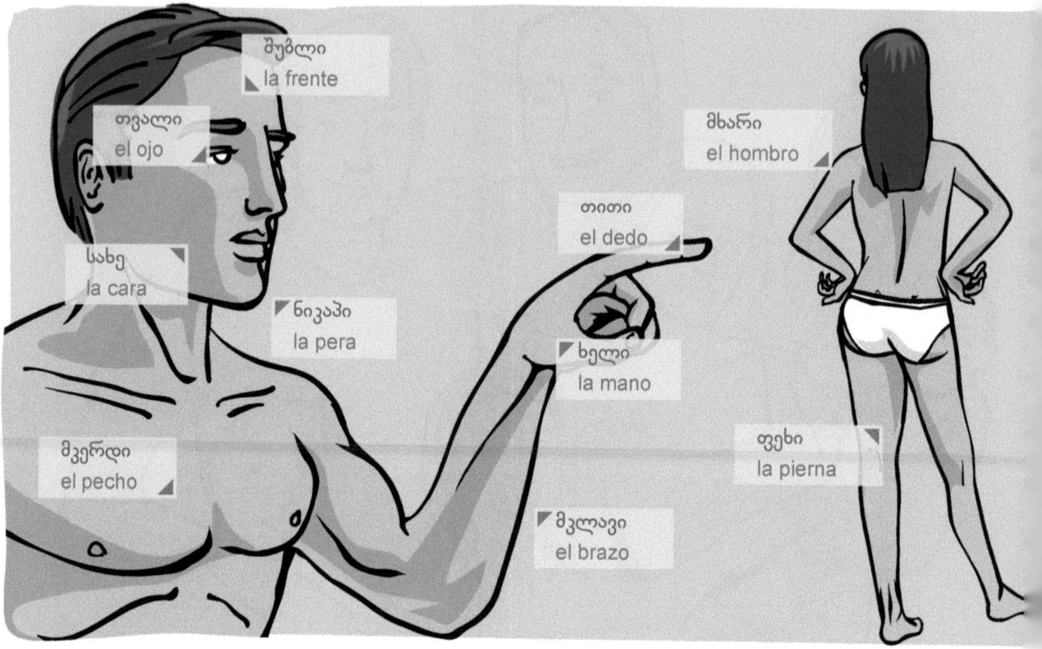

ბავშვი

el bebé

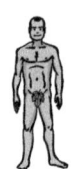

კაცი

el hombre

ქალი

la mujer

გოგო

la nena

ბიჭი

el nene

თავი

la cabeza

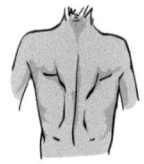

ზურგი

la espalda

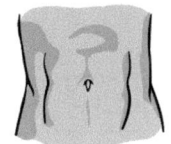

მუცელი

la panza

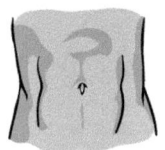

ჭიპი

el ombligo

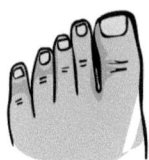

ფეხის თითი

el dedo del pie

ქუსლი

el talón

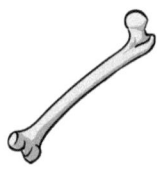

ძვალი

el hueso

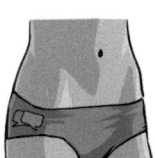

ბარძაყი

la cadera

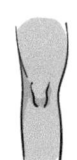

მუხლი

la rodilla

იდაყვი

el codo

ცხვირი

la nariz

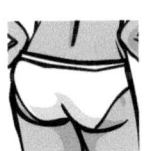

დუნდულა

la cola

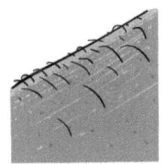

კანი

la piel

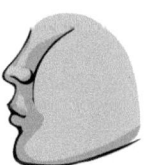

ლოყა

el cachete

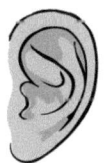

ყური

la oreja

ტუჩი

el labio

პირი

la boca

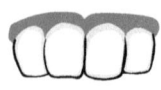

კბილი

el diente

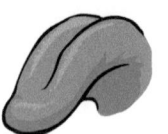

ენა

la lengua

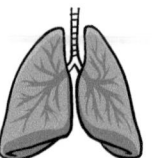

ტვინი

el cerebro

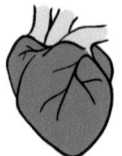

გული

el corazón

კუნთი

el músculo

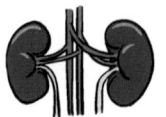

ფილტვი

el pulmón

ღვიძლი

el hígado

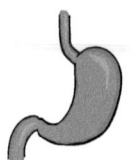

კუჭი

el estómago

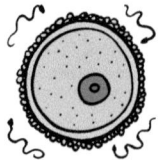

თირკმელები

los riñones

სექსი

el sexo

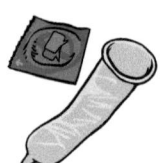

პრეზერვატივი

el preservativo

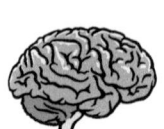

კვერცხუჯრედი

el óvulo

სპერმა

el semen

ორსულობა

el embarazo

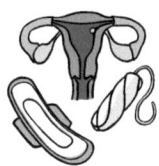

მენსტრუაცია

la menstruación

საშო

la vagina

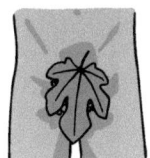

პენისი

el pene

წარბი

la ceja

თმა

el pelo

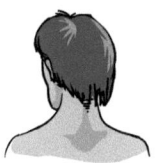

კისერი

el cuello

საავადმყოფო

el hospital

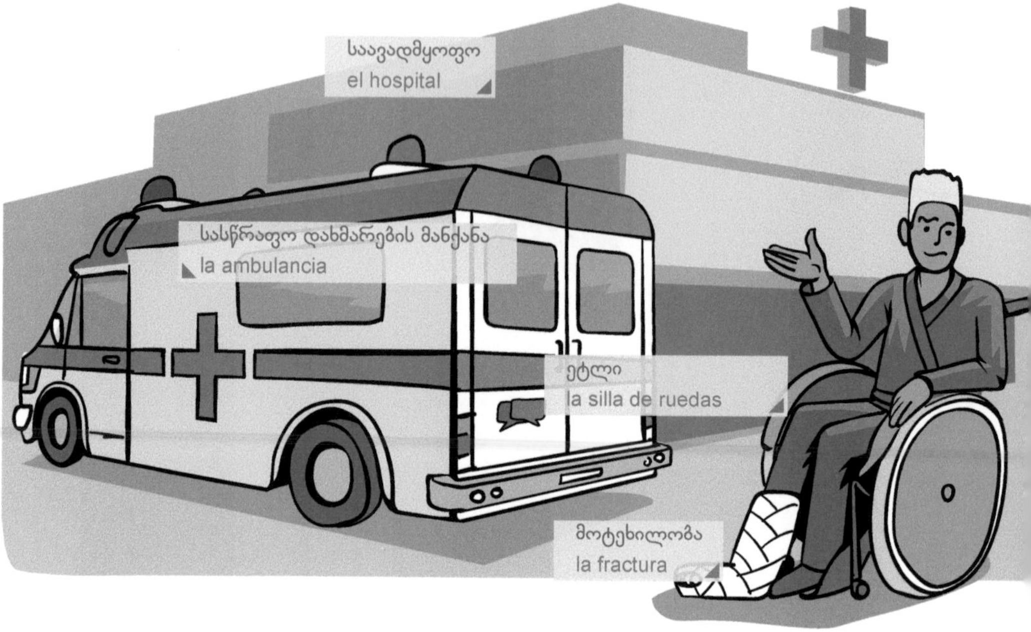

საავადმყოფო
el hospital
სასწრაფო დახმარების მანქანა
la ambulancia
ეტლი
la silla de ruedas
მოტეხილობა
la fractura

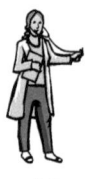

ექიმი

el médico

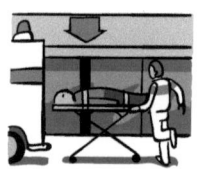

პირველი დახმარების ოთახი

la sala de guardia

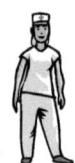

მედდა

la enfermera

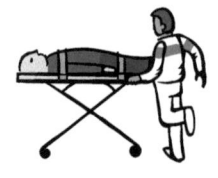

გადაუდებელი შემთხვევა

la emergencia

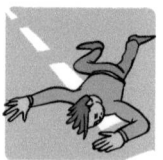

უგონოდ მყოფი

inconsciente

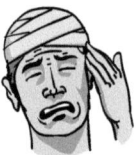

ტკივილი

el dolor

დაზიანება

la lesión

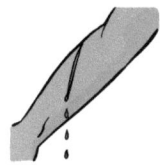

სისხლდენა

la hemorragia

გულის შეტევა

el infarto

ინსულტი

el ACV

ალერგია

la alergia

ხველა

la tos

ცხელება

la fiebre

გრიპი

la gripe

დიარეა

la diarrea

თავის ტკივილი

el dolor de cabeza

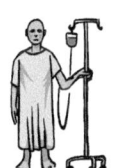

კიბო

el cáncer

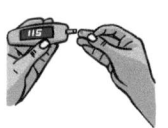

დიაბეტი

la diabetes

ქირურგი

el cirujano

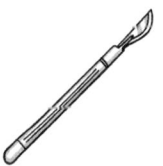

სკალპელი

el bisturí

ოპერაცია

la operación

კტ
la TC

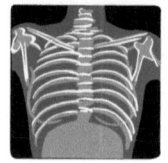

რენტგენი
los rayos x

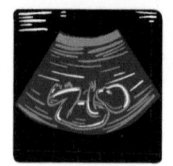

ულტრაბგერა
la ecografía

ნიღაბი
el barbijo

დაავადება
la enfermedad

მოსაცდელი ოთახი
la sala de espera

ყავარჯენი
la muleta

თაბაშირი
la curita

ბინტი
la venda

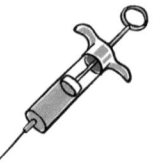

ინექცია
la inyección

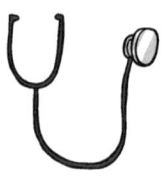

სტეტოსკოპი
el estetoscopio

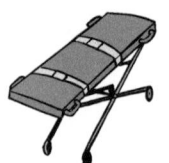

საკაცე
la camilla

თერმომეტრი
el termómetro

დაბადება
el nacimiento

ჭარბი წონა
el sobrepeso

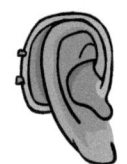

სმენის აპარატი

el audífono

სადეზინფექციო საშუალება

el desinfectante

ინფექცია

la infección

ვირუსი

el virus

აივ / შიდსი

el VIH / SIDA

წამალი

el remedio

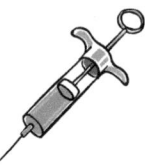

ვაქცინაცია

la vacunación

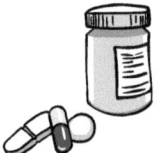

ტაბლეტები

los comprimidos

აბი

la pastilla anticonceptiva

გადაუდებელი გამოძახება

la llamada de emergencia

წნევის საზომი აპარატი

el tensiómetro

ავადმყოფი / ჯანმრთელი

enfermo / sano

გადაუდებელი შემთხვევა
la emergencia

დამეხმარეთ!

¡Ayuda!

განგაში

la alarma

თავდასხმა

la agresión

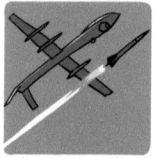

შეტევა

el ataque

საფრთხე

el peligro

სათადარიგო გასასვლელი

la salida de emergencia

ხანძარი!

¡Fuego!

ცეცხლსაქრობი

el matafuego

უბედური შემთხვევა

el accidente

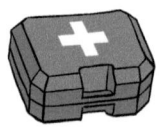

პირველადი დახმარების აფთიაქი

el botiquín de primeros auxilios

SOS

el SOS

პოლიცია

la policía

დედამიწა
la Tierra

ევროპა

Europa

ჩრდილოეთ ამერიკა

América del Norte

სამხრეთ ამერიკა

América del Sur

აფრიკა

África

აზია

Asia

ავსტრალია

Australia

ატლანტიკა

el Atlántico

წყნარი ოკეანე

el Pacífico

ინდოეთის ოკეანე

el Océano Índico

ანტარქტიკის ოკეანე

el Océano Antártico

ჩრდილოეთის ყინულოვანი ოკეანე

el Océano Ártico

ჩრდილოეთ პოლუსი

el polo norte

სამხრეთ პოლუსი

el polo sur

ანტარქტიდა

la Antártida

დედამიწა

la Tierra

ხმელეთი

la tierra

ზღვა

el mar

კუნძული

la isla

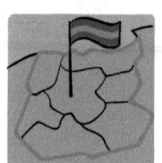

ერი

la nación

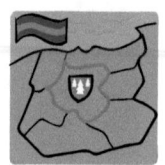

სახელმწიფო

el estado

საათი
el reloj

ციფერბლატი

la esfera

საათების ისარი

la manecilla de las horas

წუთების ისარი

el minutero

წამების ისარი

el segundero

რომელი საათია?

¿Qué hora es?

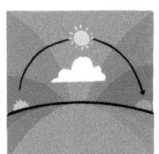

დღე

el día

დრო

la hora

ახლა

ahora

ციფრული საათი

el reloj digital

წუთი

el minuto

საათი

la hora

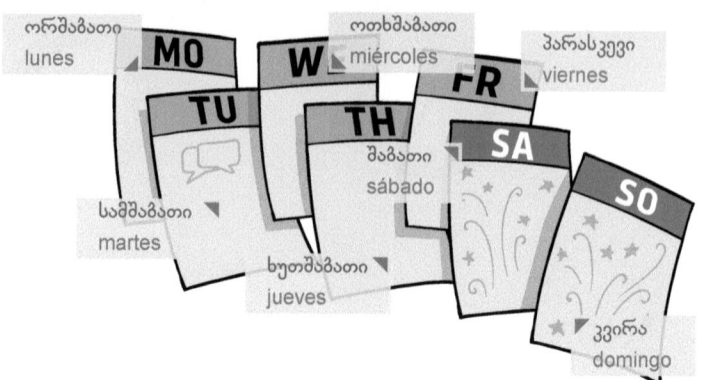

ორშაბათი — lunes
ოთხშაბათი — miércoles
პარასკევი — viernes
სამშაბათი — martes
ხუთშაბათი — jueves
შაბათი — sábado
კვირა — domingo

გუშინ
ayer

დღეს
hoy

ხვალ
mañana

დილა
la mañana

შუადღე
el mediodía

საღამო
la tarde

MO	TU	WE	TH	FR	SA	SU
1	2	3	4	5	6	7
8	9	10	11	12	13	14
15	16	17	18	19	20	21
22	23	24	25	26	27	28
29	30	31	1	2	3	4

სამუშაო დღეები
los días hábiles

MO	TU	WE	TH	FR	SA	SU
1	2	3	4	5	6	7
8	9	10	11	12	13	14
15	16	17	18	19	20	21
22	23	24	25	26	27	28
29	30	31	1	2	3	4

შაბათი-კვირა
el fin de semana

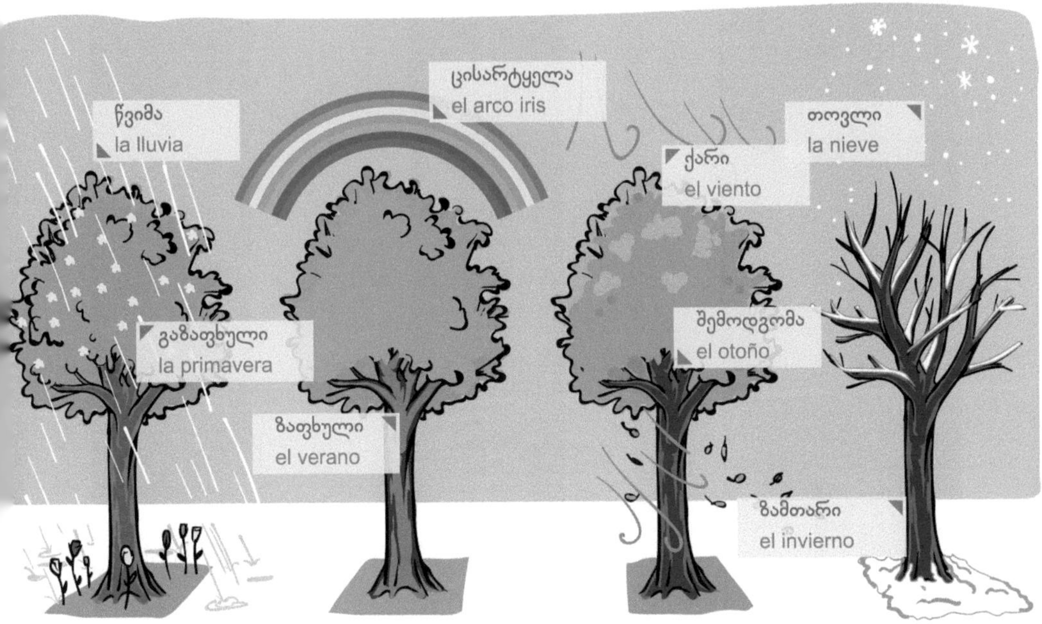

წვიმა
la lluvia
ცისარტყელა
el arco iris
თოვლი
la nieve
ქარი
el viento
გაზაფხული
la primavera
შემოდგომა
el otoño
ზაფხული
el verano
ზამთარი
el invierno

4.APRIL 11°
5.APRIL 4°
6.APRIL 13°
7.APRIL 8°
8.APRIL 10°

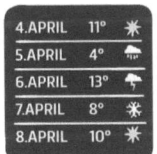

ამინდის პროგნოზი

el pronóstico meteorológico

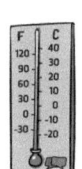

თერმომეტრი

el termómetro

მზის სხივი

la luz del sol

ღრუბელი

la nube

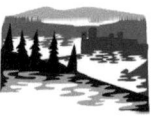

ნისლი

la niebla

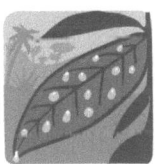

ტენიანობა

la humedad

ელვა

el rayo

ქუხილი

el trueno

შტორმი

la tormenta

სეტყვა

el granizo

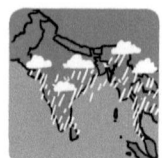

მუსონი

el monzón

წყალდიდობა

la inundación

ყინული

el hielo

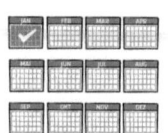

იანვარი

enero

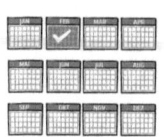

თებერვალი

febrero

მარტი

marzo

აპრილი

abril

მაისი

mayo

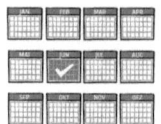

ივნისი

junio

ივლისი

julio

აგვისტო

agosto

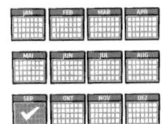

სექტემბერი
septiembre

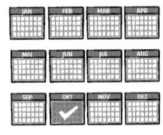

ოქტომბერი
octubre

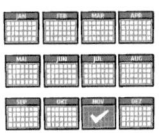

ნოემბერი
noviembre

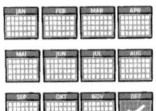

დეკემბერი
diciembre

ფორმები
las formas

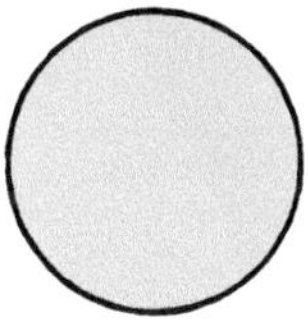

წრე
el círculo

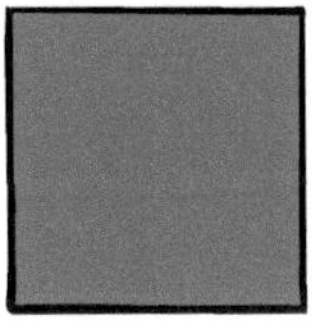

კვადრატი
el cuadrado

მართკუთხედი
el rectángulo

სამკუთხედი
el triángulo

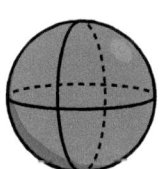

სფერო
la esfera

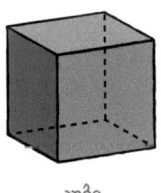

კუბი
el cubo

თეთრი

blanco

ყვითელი

amarillo

ნარინჯისფერი

naranja

ვარდისფერი

rosa

წითელი

rojo

იისფერი

violeta

ცისფერი

azul

მწვანე

verde

ყავისფერი

marrón

ნაცრისფერი

gris

შავი

negro

საპირისპიროები
los opuestos

ბევრი / ცოტა

mucho / poco

გაბრაზებული / მშვიდი

enojado / tranquilo

ლამაზი / მახინჯი

lindo / feo

დასაწყისი / დასასრული

el principio / el fin

დიდი / პატარა

grande / chico

ნათელი / მუქი

claro / oscuro

ძმა / და

el hermano / la hermana

სუფთა / ჭუჭყიანი

limpio / sucio

სრული / არასრული

completo / incompleto

დღე / ღამე

el día / la noche

მკვდარი / ცოცხალი

muerto / vivo

განიერი / ვიწრო

ancho / angosto

საჭმელად ვარგისი / საჭმელად უვარგისი

comestible / no comestible

ბოროტი / კეთილი

malo / amable

შთამბეჭდავი / მოსაწყენი

entusiasmado / aburrido

სქელი / თხელი

gordo / flaco

პირველი / ბოლო

primero / último

მეგობარი / მტერი

el amigo / el enemigo

სრული / ცარიელი

lleno / vacío

მყარი / რბილი

duro / blando

მძიმე / მსუბუქი

pesado / liviano

მოშიებული / მწყურვალე

el hambre / la sed

ავადმყოფი / ჯანმრთელი

enfermo / sano

არალეგალური / ლეგალური

ilegal / legal

ინტელექტუალი / სულელი

inteligente / estúpido

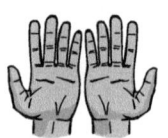

მარცხენა / მარჯვენა

izquierda / derecha

ახლოს / შორს

cerca / lejos

ახალი / გამოყენებული

nuevo / usado

არაფერი / რაღაცა

nada / algo

მოხუცი / ახალგაზრდა

viejo / joven

ჩართვა / გამორთვა

encendido / apagado

ღია / დახურული

abierto / cerrado

ჩუმი / ხმამაღალი

silencioso / ruidoso

მდიდარი / ღარიბი

rico / pobre

მართალი / მტყვანი

correcto / incorrecto

უხეში / გლუვი

áspero / suave

სევდიანი / ბედნიერი

triste / contento

მოკლე / გრძელი

corto / largo

ნელი / სწრაფი

lento / rápido

სველი / მშრალი

mojado / seco

თბილი / გრილი

caliente / frío

ომი / მშვიდობა

guerra / paz

რიცხვები
los números

0

ნული

cero

1

ერთი

uno

2

ორი

dos

3

სამი

tres

4

ოთხი

cuatro

5

ხუთი

cinco

6

ექვსი

seis

7

შვიდი

siete

8

რვა

ocho

9

ცხრა

nueve

10

ათი

diez

11

თერთმეტი

once

12

თორმეტი

doce

13

ცამეტი

trece

14

თოთხმეტი

catorce

15

თხუთმეტი

quince

16

თექვსმეტი

dieciséis

17

ჩვიდმეტი

diecisiete

18

თვრამეტი

dieciocho

19

ცხრამეტი

diecinueve

20

ოცი

veinte

100

ასი

cien

1.000

ათასი

mil

1.000.000

მილიონი

el millón

ენები
los idiomas

ინგლისური

el inglés

ამერიკული ინგლისური

el inglés americano

ჩინური მანდარინი

el chino mandarín

ჰინდი

el hindi

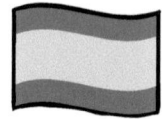

ესპანური

el español

ფრანგული

el francés

არაბული

el árabe

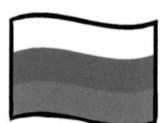

რუსული

el ruso

პორტუგალიური

el portugués

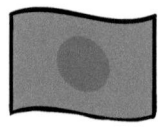

ბენგალური

el bengalí

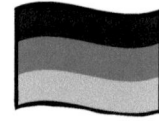

გერმანული

el alemán

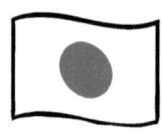

იაპონური

el japonés

ვინ / რა / როგორ
quién / qué / cómo

მე

yo

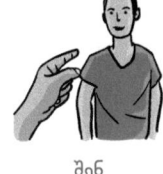

შენ

vos

ის / ის / იგი

él / ella

ჩვენ

nosotros

თქვენ

ustedes

ისინი

ellos

ვინ?

¿quién?

რა?

¿qué?

როგორ?

¿cómo?

სად?

¿dónde?

როდის?

¿cuándo?

სახელი

el nombre

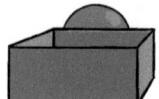

სად
dónde

უკან

detrás

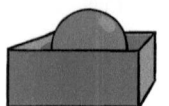

შიგნით

en

წინ

adelante de

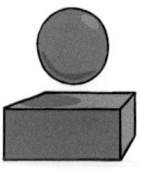

ზედ

por encima de

=-ზე

sobre

ქვეშ

debajo de

გვერდით

al lado de

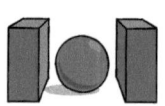

შორის

entre

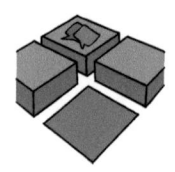

ადგილი

el lugar